Naiem Ahmadinejadfarsangi

Doce amores

Naiem Ahmadinejadfarsangi

Doce amores

JustFiction Edition

Imprint

Cover image: www.ingimage.com

Publisher:
JustFiction! Edition
is a trademark of
Dodo Books Indian Ocean Ltd. and OmniScriptum S.R.L publishing group

120 High Road, East Finchley, London, N2 9ED, United Kingdom
Str. Armeneasca 28/1, office 1, Chisinau MD-2012, Republic of Moldova, Europe
Printed at: see last page
ISBN: 978-613-9-42425-2

Doce amores

Naiem Ahmadinejadfarsangi

Table of Contents

Primero

Te escribiré un nuevo poema esta noche.

Para ti mi tierno amor

La diosa de mis noches

Las emociones se elevan en mí como lava volcánica

Como una hoja muerta levantada por el viento

Amarte era un secreto que guardaba dentro

Yo no escribí un poema o una canción

Solo sufrí, sin llanto ni dolor

Ahora trato de escribir tu nombre en la oscuridad

trato de escribir te amo

Y trato de escribir todo esto en la oscuridad

no quiero que nadie sepa

Aquí están mis palabras esperándote

Para escribir y emborracharme

Saben pronunciarse por su nombre

Una canción que me gusta llevar entre mis labios

Grito tu nombre a través del silencio de la noche

Mi tonto corazón lo grita

digo incansablemente

Te amo

Y estoy seguro de que la mañana llegará pronto.

Segundo

Estaba perdido en los callejones solitarios de mi corazón

no sabia que algun dia vere el amor

no sabia que existia el amor

Yo no creía en un sinfín de historias

Y no amaba las novelas llenas de felicidad

Pensé que no había amor para mí

Pensé que el amor era solo un espectáculo en el teatro

Sin embargo, cuando me crucé en tu camino

sentí mi corazón latir

Como un rayo de sol en los primeros días de la primavera

Al verte nació la felicidad de mi pasado sin sentido

Hiciste mi corazón de invierno cálido y verde

Me miraste con tu mirada frágil

te mire con el alma

Y nuestra historia comenzó

Oh que dulce

este amor que siento por ti

eres un angel que ilumino mi vida

eres mi gloria, mi fuerza y mi alegria

Y el único amor verdadero de mi vida

Me inspiraré en el viento costero de esta gran brisa,
un océano para amarte.

Tercero

Te amo es una frase corta que muchos pronuncian
sin amor

Pero quiero probarte cuanto te amo

encontrare las palabras y con esas palabras cantare
que mi corazon esta lleno de amor por ti

Estoy sentado de nuevo con un bolígrafo en la mano
y un papel delante de mí.

Elijo las palabras para escribir.

no quiero guardar nada dentro de mi

quiero decir lo que hay dentro de mi

Estoy lleno de amor y vacío de palabras.

Y te amo por amor

te amo hasta el ultimo suspiro

Te amo en el susurro de las hojas de otoño

Te amo en las noches cuando estoy inmerso en la poesía

te amo en la eterna primavera

bajo el cielo manso

En la blancura de los jazmines silvestres

En la dulzura de las rosas

te amo en el canto de los pájaros

A la frágil sombra de las ramas de los sauces

en el sol ardiente

Sobre la hierba cubierta de rocío matinal

te amo noche y dia

En paz y tormenta

Bajo las estrellas despiertas

En las brumas de la tarde

y el rocío de la mañana

Te amo

Mientras los pájaros canten

Y los peces pueden nadar

Mientras el viento sople

Y las olas de los océanos rugen

Mientras las estrellas brillen

Y el sol está brillando

Has esclavizado mi corazón

Durante mucho tiempo estuve buscando palabras
para decir te amo

Eres mi alegria, mi tesoro, mi vida y muchas otras
palabras para decir cuanto te amo

Pero realmente no pueden expresar lo que siento por ti.

sí, mi amor

Esto es lo que quería que supieras

Hay cientos de palabras en mi corazón para decir te amo y todas son ciertas.

Cuatro

Si yo fuera una ilusión, sería un arcoiris

Espolvorearía pintura en tu corazón para que esta
rosa simbolice el amor eterno

Si yo fuera una estación, sería primavera.

Dejaría que el jugo de la felicidad corriera por tus
venas para hacer florecer tu alma

Sería una lágrima corriendo por tus mejillas

pero solo soy yo

Y solo puedo darte mi amor

solo te miro y te digo te amo.

el quinto

Tus ojos tienen algo magico

Un resplandor divino

Tus ojos son del color del sol.

Si el suelo se derrumba

si sale el sol

Y si los océanos con todas sus escalas se secan

Sé cómo reconstruir el mundo entero

Encontraré las llaves en tus ojos

Descubro vida en tus ojos

Para siempre

Tendré la luz de tus ojos para iluminar el camino de mi corazón

Miraré las estrellas y veré allí tu rostro como la verdad más hermosa que ilumina mi corazón con su resplandor.

Te amaré como la flor más preciosa del jardín plantado en mi alma

Te cuidaré como el tesoro más preciado que brota de las emociones dadas por Dios.

Escribiré un poema y ese poema serás tú.

Ese verso serás tú y mi mundo entero

Para siempre

te llevare en mis brazos mientras dios me da fuerzas

y para siempre

Te querre

el sexto

estoy sentado junto a la ventana

Admiro el otoño y su magia.

Como un pintor, la madre naturaleza ha pintado las hojas del color del amor.

El viento canta su melodía y pienso en ti

A esos gratos momentos que pasé contigo

Si todavía me amas, abre las velas

Buscaremos el cielo nuevo

Donde el amor es posible

si me amas

derrama tus lágrimas y riega todos los desiertos

Plantaremos una nueva semilla para que florezca el amor.

si todavía me amas

Vuelva a encender nuestras estrellas errantes

Caminaremos bajo su luz como antes

Donde un "te amo" estremece al mundo entero.

el sexto

Una ligera brisa acaricia suavemente mi rostro

Me despierta de un dulce sueño

La hermosa vista de tu cara.

Me lleva a un hermoso viaje

tus ojos seductores

Limpia la niebla en mis ojos

sonrisa encantada

Me transporta a la magia de los sueños.

Eras como una flor que me ahogaba con tu ternura

Después de un largo sueño en la tierra de las noches interminables

Donde reina el hielo

El calor derritió esta capa de hielo

El caparazón que aprisionó mis sentidos

tú me despertaste

me sorprende bajo la gloria de tu sonrisa como una flor

Gracias por darme la bienvenida al dulce país de las maravillas.

Por darme tu corazón.

el séptimo

corrí

Me ahogué en los rayos dorados del sol y crucé miles de mares

para alcanzar el amor

A veces me perdí, pero sentí el poder de tu amor

Y él siempre me atrae hacia ti

Me detuve y vi el cielo vacío sobre mí

Las estrellas son leales cómplices de mis sentimientos

Ilumina mis pasos

Entonces una brisa fresca comenzó a soplar

Sentí tu dulce voz y tu divina fragancia en ella

Te vi en un mar de flores rojas

En un capullo floreciente

en la luz del sol

En un viento fragante

Y de repente mi corazón saltó

Un angel estaba apareciendo

ella es una diosa divina

Él había encendido una luz para mí

Su voz llenó mis oídos vacíos.

Sus ojos mágicos quemaron mi corazón

Las llamas que quemaron mi corazón ahora se han convertido en pétalos acariciantes

Tomé mi corazón y se lo di

Y lo llevaba en el dedo.

Octavo

Tu alma tenía la blancura de grandes lirios en aquellos días

El amor era todavía un misterio para ti

En el momento en que la luna de austeridad perforaba el cielo

Te vi

Te amaba pero no podía decírtelo

Cosiste los ojos de tu juventud en mis ojos

Un resplandor de claridad pura y romántica.

Dejaste escapar una confesión temblorosa en un suspiro febril, dejándola vagar hasta tus labios donde la recogí en el primer beso.

Novena

Hiciste un lugar con la fuerza de tus brazos

Donde vengo a ti en busca de refugio cuando la vida me molesta

con el poder de tus manos

Hiciste un camino

Me trae de vuelta a ti cuando estoy confundido

El poder de tus ojos hace azul el cielo de mi vida

Cuando mi vida se vuelve gris y mis ojos están llenos de lluvia

Iluminas el futuro con tu sonrisa

Me ahogas de felicidad con la fuerza de tu corazón

Ya no tengo miedo de nada por tu amor

Iluminas mis noches y pintas un paraíso donde quiero pasar mi vida.

Undécimo

ella era hermosa en la noche

Bajo la luz de la luna

Las cintas bailaban en su cabello y el viento se reía a su lado.

En sus caminos estrellados brilló intensamente

estuvimos solos por un momento

en una dulce mañana

Su voz vaga se durmió en el crepúsculo de una mañana de otoño

Le dije que quería besarlo.

calmar los ojos

y me ofreció sus mejillas

le dije que éramos novios

Y las lágrimas rodaron de sus hermosos ojos

Y el aroma de las flores de jazmín aún perdura en el aire.

el décimo

hace un tiempo tuve un sueño extraño

Estaba caminando de noche cuando de repente
aparecio una gran luz.

no se quien estaba dentro

Lo acabo de ver y fue el secreto más bonito

Pero cuando te vi

Sabía que un ángel me estaba hablando

La primera vez que te vi, mi corazón se conmovió

Mi corazón se detuvo cuando vi tus ojos

Cuando te vi por primera vez estaba perdido

Perdido en el océano de profunda luz de la luna que
vi en tus ojos

Cuando te vi por primera vez estaba perdido

Me perdí en la flor rosa pálido que descansaba en tu mejilla

El gran día ha llegado

En un hermoso otoño

El momento mágico que soñé

era tiempo de amor

El comienzo de una leyenda.

Desde aquel hermoso día mi corazón vive en la tierra de los sueños

Después de una vida de penurias y desesperación, un día pasé tu sonrisa

Entraste en mi corazón y me liberaste con magia

Sacaste lo mejor de mí y borraste lo peor

La primera sonrisa inolvidable

El primer beso suave y dulce.

Y el recuerdo del amor queda en mi corazón

de tu caricia.

Undécimo

Si quieres conocerte mejor, mira en los rincones de mi corazón

Míralo y lee todas sus páginas.

Sepa que aquí es donde vive

Si hace buen tiempo después de la lluvia, quieres bailar bajo el sol brillante

Toma tiempo y escucha mi corazón.

Duodecimo

Toma mi mano y olvida el mundo

Te querre

Mírame a los ojos y ve el sueño de los dos

Juntos conquistaremos y alcanzaremos el cielo

Sin ceño fruncido ni lágrimas, solo sonrisas y risas.

Déjame colmarte de cumplidos

Tus ojos brillan como estrellas

Y tu sonrisa brilla como el sol

Estamos en nuestra primera temporada y nuestra historia de amor apenas comienza.

Ahora toma mi mano y olvida el mundo

Te amaré como nunca antes he amado.

Tu me amas también

Ámame en primavera cuando todo es verde y hermoso

amame en verano cuando el cielo es azul

Ámame en otoño cuando las hojas se vuelven amarillas

Ámame en el invierno cuando nieva

Ámame cuando estoy feliz e incluso cuando estoy triste

Ámame cuando soy hermosa o cuando luzco ordinaria

Ámame cuando me sienta bien o cuando me duela

Ámame siempre bajo la lluvia o bajo el glorioso sol.

el decimotercero

El amor no se puede describir

no tiene forma

no tiene forma

El amor no es un objeto.

El amor no coincide

El amor arde como una vela

A veces tiembla pero nunca muere

El amor puede dejarte vacío

El amor puede hacerte completo

El amor puede hacerte o deshacerte

El amor está en tu alma, en tu corazón, en tu mente

El amor es universal, cubre el mundo, no importa donde estés, el amor tiene un lenguaje.

si el amor es vida

Y si la vida es de un solo color

Y si este color tiene nombre

El amor tiene tu nombre

cuando te veo

El cielo está pintado de inmortalidad.

Y sus nubes algodonosas delinean nuestros preliminares enredados

cuando escucho tu voz

El mundo está coloreado por la sostenibilidad

Y cuando te digo te amo

Mi amor está pintado con infinitos colores.

el decimocuarto

El lugar más hermoso aún está por descubrir.

La flor más hermosa aún no ha crecido.

Nuestros días más hermosos

aún no hemos vivido

Y la palabra más hermosa que quiero decirte es esta

Esta es una palabra que no he dicho todavía

Estoy escribiendo estas frases para decirle mis sentimientos.

quiero decirle que lo amo

Quiero explicarle que siempre nace en mis pensamientos.

ya le he dicho todo

Pero lo más importante, le he dicho que lo amo.

Sin embargo, no pude antes de esta noche.

Porque yo no escribí este texto.

Decimoquinto

El amor es como una flor.

Lo alimentamos suavemente

El amor es como un niño

Él siempre necesita atención.

el amor es una vida

Sacrificio

apoyándonos y comprendiéndonos

El amor es la locura más hermosa.

es la verdadera razon

El amor lo es todo en la tierra.

El mar con sus susurros

Estrellas con su brillo

Planetas con su armonía

el amor eres tu

Soy

Porque te amo, sí, te amo.

el decimosexto

Te escribiré un nuevo poema esta noche.

Para ti, mi dulce amor, la diosa de mis noches

Siento la lava subiendo en mí

Como una hoja muerta levantada por el viento,
nuestros recuerdos nos siguen sin descanso

Vi tus hermosos ojos

Mi corazón arde de alegría y emoción.

Me olvido del mundo del pudor y del tiempo

Te susurro que eres la leyenda que derritió mi
bondadoso corazón

me gusta el placer de tus besos

escucho tu voz emocionada y agradable

Me abrazas.... gimo... tiemblo

estoy apunto de entrar al cielo

Nuestros dos cuerpos se fusionan y se vuelven uno

yo soy tuyo y para siempre tu eres mio

El pico del placer, la paz y la felicidad.

Nuestro amor ha conquistado todas las fronteras y

todas las leyes.

Decimoséptimo

Te quiero, mi felicidad, mi belleza sobrenatural

Eres un sol en la oscuridad del mal tiempo, eres un rocío para un corazón ardiente

Inspirado por el amor por ti, me lanzaré a la batalla contra el destino.

Como un árbol quemado por un rayo, me inclino hasta el suelo ante ti

¡ Pagaré el dulce placer del amor con mi vida!

¡Al menos a costa de un crimen, te quiero!

te amo con preocupacion y deseo

te amo y te deseo

perdóname y ámame

Vivo contigo solo en mi agonía apasionada

Arruino mi alma a tu capricho

Llévate todo, para tu hermosa mirada

Eres un mar de sueños y sonidos y luces extrañas

eres el sol de mis dias

Mi estrella brillante en el cielo oscuro

La sangre que alimenta mis venas

Un ángel que me mira desde su corazón

tu eres la razon de mi felicidad

Eres el arcoíris que coloreó mi vida

La dulzura de mis días y noches, eres el único motivo de mi felicidad.

el decimoctavo

El mejor momento del amor no es cuando dices te amo

el estaba en silencio

Silencio frágil

Estaba en la excitación del brazo.

Donde las manos tiemblan

Un reloj único que te cierra la boca

Donde los corazones se abren

Donde solo el olor del cabello me vuelve loco

Donde él está a mi lado y su mano aprieta la mía

Donde su boca está decorada con la más bella sonrisa

Donde su cabeza cayó suavemente sobre mi pecho

respiré su aliento

Pronto nuestros besos se fusionarán

Son tan puros como nuestro amor.

Decimonoveno

les dije te amo

¿Cómo no voy a decir te amo?

vuelvo a decir te amo

Te amé ayer y te amaré mañana

les dije te amo

he venido a decirte que te amo

te amo es el momento de decir te amo

Te amo, te amo desde que puedo recordar

Te amo

Dime que me amas

Con una sonrisa que me deja sin palabras

Llévame a tus sueños ilegales

Me permití en voz baja

decir: te amo

Presiona con una gran sonrisa.

Yo también te amo: en primavera, verano, invierno y otoño.

referencias

- Este loco amor de Naeem Ahmadinejad Farsangi

- Pasión de amor de Naeem Ahmadinejad Farsangi

- El cielo es gris aquí por Naeem Ahmadinejad Farsangi

- Silencio amargo de Naeem Ahmadinejad Farsangi

Printed by Books on Demand GmbH, Norderstedt / Germany